मैड मैन

खलील जिब्रान एवं विशेक

Copyright © Khalil Gibran And Vishek
All Rights Reserved.

मेरे धैर्य और सहनशीलता को सप्रेम समर्पित

जिन्हें खोकर मैंने जाना कि

इन्हें पाना दुनिया में कुछ भी पा लेने से अधिक मुश्किल है!

क्रम-सूची

भूमिका

खलील जिब्रान का जन्म लेबनान में हुआ। वह अरबी, अंग्रेजी और फारसी भाषा के ज्ञाता थे। खलील जिब्रान का बचपन बेहद ही तनावपूर्ण एवं वीभस्त रहा। खलील जिब्रान के पिता को शराब पीने की बुरी आदत थी जिसकी वजह से वह घर में अपनी पत्नी एवं बच्चों को पिता करते थे। खलील जिब्रान इससे बचने के लिए घर से भागकर दूर एक खाली स्थान पर चले जाते थे।

जिब्रान लेखक, चित्रकला के साथ ही एक दार्शनिक भी है लेकिन उन्होंने खुद को दार्शनिक कहलाने से हमेशा ही इंकार किया है। खलील जिब्रान ने अरबी और फिर अंग्रेजी भाषा में लिखा है और उनकी रचनाएँ 30 से अधिक भाषाओं सहित हिंदी, गुजराती, मराठी, उर्दू में अनूदित हो चुकी हैं। आज लोग उन्हें लेबनान के 'अमरदूत' के रूप में जानते हैं।

खलील जिब्रान ने अपनी पुस्तकों को उत्कृष्ट विचारों, जीवन के सबकों एवं गहन दृष्टि के साथ साथ अपनी बेहतरीन चित्रों से भी सुशोभित किया है। जिन्हें देखकर एक गहरी मीमांसा के भाव आँखों में झलकने लगते हैं।

जिब्रान के जीवन में अनेक महिलाएँ आईं, लेकिन उन्होंने शादी नहीं की। इसकी वजह भी बताई। एक बार कुछ महिलाएँ जिब्रान से मिलने आईं। उन्होंने उससे पूछा, आपने अभी तक शादी क्यों नहीं की? वे बोले, देखो, यह कुछ यों है कि अगर मेरी पत्नी होती और मैं कोई कविता लिख रहा होता या पेंटिंग बना रहा होता, तो कई-कई दिनों तक मुझे उसके होने की याद तक न रहती। और आप तो जानती ही हैं कि कोई भी अच्छी महिला इस तरह के पति के साथ लंबे समय तक रहना नहीं चाहेगी।

हालांकि बारबरा यंग उनके आखिरी दिनों में उनके साथ रहीं। जिब्रान के देहावसान के समय बारबरा अस्पताल में उनके निकट ही थीं। उनकी मृत्यु के बाद उन्होंने उनकी अंतिम इच्छानुसार उनकी पेंटिंग्स और दूसरी चीजों को लेबनान में उनके गृह-नगर बिशेरी स्थित उनके घर भिजवा दिया।

अनुवादक
विशेक
07/03/2022

आभार ज्ञापन

मेरी छोटी बहन रोशनी का आभार
जिन्होंने मुझे इस अनुवाद कार्य को पूर्ण करने के लिए
लगातार प्रेरित किया

खलील जिब्रान एक परिचय

विश्व के महान चिंतकों में शामिल खलील जिब्रान का जन्म माउंट लेबनान के बिशेरी (वर्तमान रिपब्लिक ऑफ लेबनान) नामक गाँव में 6 जनवरी, 1883 को हुआ। उनकी माँ का नाम कामिला रहामी था, जो एक पादरी की बेटी थीं। उनके पिता का नाम खलील था, जो स्थानीय सुल्तान के मुलाजिम थे। उनके जन्म के समय कामिला की उम्र 30 वर्ष थी। खलील जिब्रान उनके तीसरे पति की पहली संतान थे। उनके जन्म के बाद कामिला के दो कन्याएँ और उत्पन्न हुईं, सन् 1885 में मरियाना तथा सन् 1887 में सुलताना।

खलील जिब्रान के पिता एक टैक्स कलेक्टर थे। हालांकि खलील जिब्रान के पिता एक अच्छे पिता नहीं थे। वह खूब शराब पीते थे और अपनी पत्नी और बच्चों को पीटा करते थे। इसी दौरान खलील जिब्रान के पिता को एक गबन के मामले में गिरफ्तार कर लिया गया। इसके बाद खलील की माँ कामिला खलील और अपनी दो बेटियों के साथ अमेरिका चली गईं।

गरीबी के कारण खलील जिब्रान की स्कूली शिक्षा देरी से शुरू हुई। 12 वर्ष की उम्र तक जिब्रान स्कूल नहीं जा सके। बाद में उन्हें प्रवासी के लिए खुले बोस्टन के क्विंसी स्कूल में उन्हें प्रवेश मिल गया। यहीं जिब्रान ने चित्रों के माध्यम से अपनी अध्यापिका फ्लोरेंस पीअर्स का ध्यान आकृष्ट किया। सन् 1897 में जिब्रान अरबी भाषा की पढ़ाई के लिए लेबनान गए। लेबनान में रहकर वे पढ़ाई के साथ-साथ चित्रकला का अभ्यास भी करते रहे।

सन् 1898 में मात्र 15 वर्ष की आयु में जिब्रान द्वारा बनाए गए चित्रों ने प्रसिद्धि प्राप्त करनी शुरू कर दी। सन् 1899 में वे बोस्टन लौट आए। इसी बीच सन् 1902 से 1903 के बीच खलील जिब्रान की माँ कामिला की कैंसर की वजह से मृत्यु हो गई। खलील अभी माँ की मृत्यु के गम से बाहर निकले भी नहीं थे कि उसके बाद बहन सुलताना और भाई पीटर के मौत का गम झेलना पड़ा। इससे वे पूरी तरह टूट गए। यह

ग़मज़दा सिलसिला यहीं नहीं रुका इसके साथ बहन मरियाना भी टी.बी. की चपेट में आ गई। और परिवार आर्थिक तंगी की चपेट में आ गया।

इस ग़मज़दा माहौल की वजह से खलील जिब्रान ने लिखना और चित्रकारी करना बंद कर दिया। तब छोटी बहन मरियाना ने उन्हें प्रेरित किया कि वे घर की चिंता छोड़कर पूरी शक्ति से लेखन व कला पर ध्यान दें। उनके चित्रों ने जल्दी ही दुनिया का ध्यान आकर्षित कर लिया। कला की शिक्षा के लिए वे बोस्टन से पेरिस गए।

उनकी पहली पुस्तक सन् 1905 में प्रकाशित हुई, जो अरबी में थी। 'नुब्था-फि-फन अल-मुसिका'। वह संगीत पर केंद्रित थी। सन् 1906 में उनकी दूसरी अरबी पुस्तक आई—'अराइस अल-मुरुज' (अंग्रेजी अनुवाद 'द निम्फ्स ऑफ द वैली') जिसमें तीन कहानियाँ थीं। इनमें वेश्यावृत्ति, धार्मिक दबाव व अंधविश्वास तथा दिखावटी प्रेम को विषय बनाया गया था। जिब्रान की तीसरी अरबी पुस्तक 'अल-अरवाः अल-मुत्मर्रिदाः' (अंग्रेजी अनुवाद 'स्प्रिट्स रिबेलिअस') मार्च 1908 में आई।

अरबी में प्रकाशित होनेवाली उनकी अन्य पुस्तकें हैं—अल-अजनिहा अल-मुतकस्सिरा (अंग्रेजी अनुवाद 'ब्रोकन विंग्स', 1912), अल-मवाकिब (अंग्रेजी अनुवाद 'द प्रोसेशंस', 1919), अल-अवासिफ (अंग्रेजी अनुवाद 'द टेंपेस्ट्स' अथवा 'द स्टॉर्म', 1920), इरम, धात अल-इमाद (1921, अंग्रेजी अनुवाद 'इरम, द सिटी ऑफ लोफ्टी पिलर्स), अल-बदाइ वाल-तराइफ (अंग्रेजी अनुवाद मार्वल्स ऐंड मास्टरपीसेज अथवा 'द न्यू ऐंड द मार्वेलस', 1923)।

अंग्रेजी में प्रकाशित उनकी पुस्तकें हैं—द मैडमैन (1918), ट्वेंटी ड्रॉइंग्स (1919), द फोररनर (1920), द प्रोफेफेट (1923), सैंड ऐंड फोम (1926), किंगडम ऑफ द इमेजिनेशन (1927), जीसस, द सन ऑव मैन (1928), द अर्थ गॉड्स (1931), द वांडरर (1932), गार्डन ऑव द प्रोफेट (1933) तथा लजारस ऐंड हिज बिलविड (नाटक, 1933)। जब जिब्रान की पहली अंग्रेजी पुस्तक प्रकाशित हुई तभी से ही जिब्रान की गिनती अमरीका के उत्कृष्ट साहित्यकारों में होने लगी थी।

अत्यधिक मदिरापान की लत से लीवर खराब हो जाने के कारण 10 अप्रैल, 1931 को 48 वर्ष, 3 माह, 4 दिन की अल्पायु में न्यूयॉर्क

स्थित सेंट विंसेंट्स अस्पताल में कवि, कथाकार, चित्रकार, मूर्तिकार, लेखक, दार्शनिक, धर्म-अध्येता जिब्रान का देहावसान हो गया। उन्होंने 16 पुस्तकों की रचना की, जिनका अनुवाद संसार की 30 से अधिक अनेक भाषाओं में हो चुका है।

1

मैं पागल कैसे बना

तुम पूछते हो कि मैं पागल कैसे बना?

तो सुनो,

देवताओं के अवतरित होने से बहुत पहले, एक दिन जब मैं जागा तो देखा मेरे सभी मास्क चोरी हो गए थे। वह सभी सातों मास्क चोरी हो गए थे जो मैंने अपने सातों जन्मों में पहने थे।

मैं बिस्तर से उठा और चोर चोर चिल्लाते हुए भीड़ से खचाखच भरी सड़कों पर दौड़ने लगा।

सड़कों पर खड़े आदमी और औरतें मुझे देखकर हँसने लगीं। उन्ही में से कुछ मुझे देखकर डर के मारे अपने घरों की ओर दौड़ पड़े।

और जब मैं बाज़ार में पहुँचा तो देखा एक युवक घर के ऊपरी हिस्से में खड़ा है और वह चिल्लाया "यह एक पागल आदमी है।"

उस युवक को देखने के दौरान मेरे बिना मास्क के चेहरे नग्न चेहरे पर पहली बार सूर्य की किरणें पड़ी।

पहली बार सूर्य की किरणों ने मेरे नग्न चेहरे को चूमा। और मेरी आत्मा सूर्य के प्रति प्रेम से भर गई।

अब मुझे मेरे मास्कों की कोई जरूरत नहीं थी। मैं अवचेतन मन से चिल्लाया। उन चोरों का धन्यवाद किया जिन्होंने मेरे मास्क चुराए।

इस तरह मैं पागल आदमी बना।

और फिर अपने पागलपन में आज़ादी और सुरक्षा का अनुभव किया। जिस आज़ादी में एकांत है और न समझे जाने कि सुरक्षा भी।

क्योंकि जो हमें समझते हैं वह हमें अपनी समझ में कैद कर लेते हैं।

पर मुझे मेरी सुरक्षा को लेकर अत्यधिक गर्व करने कि आवश्यकता नहीं है। क्योंकि एक जेल में एक चोर दूसरे चोर से सुरक्षित है।

2

भगवान

प्राचीन दिनों में जब मेरे अधरों पर पहली बार बोलने के भाव प्रकट हुए। तब मैं पवित्र पर्वत पर चढ़ा और ईश्वर को पुकारा और कहा "स्वामी" मैं आपका दास हूँ और मैं आपकी आज्ञा का सदैव पालन करूंगा।

यह सुन, ईश्वर ने कोई जवाब नहीं दिया और एक हल्की सी आंधी वहाँ से गुज़र गई।

हज़ारों सालों के पश्चात मैं पवित्र पर्वत पर चढ़ा और फिर से ईश्वर को पुकारा और कहा "हे! सृष्टि के रचयिता" मैं आपकी रचना हूँ। जिसे आपने बनाया है। मैं आपकी सभी आज्ञाओं का पालन करूंगा।

यह सुनकर भी ईश्वर ने कोई जवाब नहीं दिया और हज़ारों हल्की हवाएं वहाँ से गुज़र गईं।

हज़ारों सालों बाद एक बार फिर से मैं पवित्र पर्वत पर चढ़ा और ईश्वर को पुकारा कहा, पिता मैं आपका पुत्र हूँ। मुझे दया और प्रेम से आपने जन्म दिया है। उसी प्रेम और करुणा से मैं राज्य का पालन करूंगा।

इस बार भी ईश्वर ने कोई उत्तर नहीं दिया और तभी धुंध खाड़ी और पहाड़ियों के बीच से गुजर गई।

ईश्वर के न उत्तर देने के बावजूद मैं एक बार फिर से हज़ारों सालों के बाद पर्वत पर चढ़ा और एक बार फिर से ईश्वर को पुकारा, कहा मेरे ईश्वर आप ही मेरा लक्ष्य और पूर्ति हैं। मैं आपका विगत काल हूँ और आप मेरा सुनहरा भविष्य हैं। मैं पृथ्वी से जन्मा हूँ और आकाश में खिले

किसी फूल की भांति हैं। और हम दोनों सूर्य की लालिमा में एक साथ बड़े हुए हैं।

फिर ईश्वर मेरी तरफ झुके और मेरे कानों में मिश्री की भांति मीठे शब्द बुदबुदाए और फिर मुझे गले से लगा लिया। ठीक वैसे ही जैसे समुद्र अपने में मिलने वाली नदियों को गले लगा लेता है।

इसके बाद मैं पर्वत से नीचे उतरा तो घाटियों में देखा ईश्वर वहाँ भी मौजूद थे।

3
मेरे मित्र

मेरे मित्र, मैं वह नहीं जो मैं दिखता हूँ। मैं जो दिखता या प्रतीत होता हूँ वह एक प्रकार का वस्त्र है। एक बढ़िया बुना हुआ वस्त्र। जो मुझे सवालों और असफलताओं से बचाता है।

मेरे दोस्त, मुझमें जो "मैं" है वह एक शांत कमरे में किसी बस्ते की भांति है। जो बस्ता तुम्हारे ध्यान और पहुँच से बाहर है।

मुझे न मेरे कहे हुए और न ही किए हुए पर भरोसा है। मेरे शब्द जिनका कोई मूल्य नहीं है। मेरे जो विचार हैं जिनकी झलक मेरे कार्यों में दिखाई देता है। वह महज़ तुम्हारी ही प्रतिध्वनियां हैं।

जब तुम कहते हो कि हवा पूर्व की ओर बह रही है तब मैं तुम्हारा समर्थन करते हुए कहता हूँ कि हाँ, हवा पूर्व कि ओर बह रही है। लेकिन मेरा ध्यान हवा पर नहीं बल्कि समुद्र पर होता है।

तुम मेरी समुद्री यात्राओं के विचारों को नहीं समझ सकते। और न ही मैं तुम्हें समझाना चाहता हूँ। मैं समुद्र पर अकेला रहना चाहता हूँ।

जब दिन तुम्हारे साथ रहता है, मेरे दोस्त। तब रात मेरे साथ होती है। यहाँ तक कि जब मैं मध्यरात्रि की बात करता हूँ जो पर्वतों पर नृत्य करती है और घाटियों से जी चुराती है। तुम उस अंधेर रात्रि का गीत भी नहीं सुन सकते और न ही मेरे पंख देख सकते हो जो तारों तक पहुँचने के लिए फड़फड़ा रहे हैं। और मैं इससे बेहद प्रसन्न हूँ कि तुम न देख सकते हो और न ही सुन सकते हो। मैं रात्रि के साथ अकेला रह सकता हूँ।

जब तुम स्वर्ग की सीढ़ियां चढ़ते हो तब मैं नर्क की ओर बढ़ता हूँ। यहाँ तक कि जब तुम, जिस खाड़ी पर पुल नहीं बनाया जा सकता, उसके उस पार से मुझे पुकारते हुए कहते हो, मेरे साथी। मैं तुम्हें वापस पुकारता हूँ और कहता हूँ, मेरे साथी। मैं तुम्हें नर्क में नहीं देखना चाहता। क्योंकि नर्क की आग तुम्हारे आँखों को जला देगी और नर्क का धुंआ तुम्हारे नथुनों में भर जाएगा। और मैं अपने नर्क में अकेला रहना चाहता हूँ।

तुम सच्चाई, सुंदरता और धर्म को प्रेम करते हो। और इसे तुम पूर्णता कहते हो। लेकिन हृदय से मैं तुम्हारे प्रेम पर हँसता हूँ। और अब भी मैं नहीं चाहता कि तुम मेरी हँसी देखो। इसलिए मैं एकांत में हँसता हूँ।

मेरे मित्र, तुम अच्छे हो, खबरदार हो और बुद्धिमान भी हो। तुम उत्तम और परिपूर्ण हो। और मैं भी हूँ। तुम्हारी तरह ही खबरदार और बुद्धिमानी से बोलता हूँ। फिर भी मैं पागल हूँ। लेकिन मैंने अपने पागलपन को छुपा लिया है। मैं एकांत में पागल होऊंगा।

मेरे मित्र, तुम मेरे दोस्त नहीं हो। लेकिन मैं तुम्हें यह कैसे समझाऊं? मेरा रास्ता तुम्हारा रास्ता नहीं है। फिर भी हम साथ चल रहे हैं। हाथों में हाथ डाले।

4

बिजूका

एक बार मैंने एक बिजूका से कहा, तुम तो अकेले इस खेत में खड़े खड़े एकदम तक जाते होंगे।

तब बिजूका ने कहा कि डराने में जो गहरा और अनन्त मज़ा है वह मुझे कभी थकने नहीं देता।

बिजूका के यह कहने के पश्चात मैं थोड़ी देर तक सोचता और विचार करता रहा। फिर मैंने कहा, हाँ, यह बिल्कुल सच है। मैं भी डराने का मज़ा जानता हूँ।

तभी फिर से बिजूका बोल पड़ा कि डराने का मज़ा सिर्फ वही जानते हैं जो अंदर से तिनकों से भरे होते हैं।

यह सुनकर मैं बिजूका के पास से चला गया। मैं यह नहीं जान पाया कि बिजूका ने यह कथन मेरी प्रशंसा में कहे थे या आलोचना में कहे थे।

एक वर्ष बीत गया इसी दौरान वह बिजूका एक दार्शनिक बन गया और जब मैं उसके पास से फिर से गुज़रा तो देखा दो कौए बिजूका की टोपी में घोसला बना रहे थे।

5

नींद में चलने वाले

जिस शहर में मैं पैदा हुआ वहाँ एक औरत और उसकी बेटी रहती थी। वह औरत और उसकी बेटी रात में नींद में चलते थे।

एक रात जब पूरी दुनिया में शान्ति पसरा हुआ था। तब वह औरत और उसकी बेटी नींद में चल रहे थे। नींद में ही उस औरत और उसकी बेटी की मुलाकात चांदनी रात में जगमगा रहे उनके ही बगीचे में हुई।

जैसे ही वह दोनों मिले उस औरत ने अपनी बेटी से कहा तुम मेरी दुश्मन हो तुम्हारी ही वजह से मेरी जवानी बर्बाद हो गई है और मेरी जिंदगी नष्ट हो गई है। हालांकि मैं चाहती तो तुम्हें मार सकती थी।

तभी बेटी बोल पड़ी, ओ घृणा और स्वार्थ से भरी बूढ़ी औरत जो हमेशा मेरी स्वतंत्रता और मेरे बीच में बाधक बनी हुई है। जो मेरे मरने की कामना करती है और अपनी भद्दी जिंदगी के लिए मुझ पर चिल्लाती है। तुम्हें तो मर जाना चाहिए।

उसी क्षण एक कौए ने कांक की ध्वनि निकाली। कौवे की आवाज़ से औरत और उसकी बेटी की नींद टूट गई। नींद से जागते ही उस औरत ने प्रेमपूर्वक कहा, ओह! यह क्या तुम हो मेरी प्रिय बेटी और बेटी ने बड़ी ही विनम्रता से कहा, हाँ मेरी प्रिय माँ।

6

बुद्धिमान कुत्ता

एक दिन एक बुद्धिमान कुत्ता बिल्लियों के पास से गुजरा।

जैसे ही वह बिल्लियों के और नज़दीक गया तो देखा कि उस पर कोई भी बिल्ली ध्यान नहीं दे रही है। इसलिए वह वहीं रूक गया।

तभी उन बिल्लियों के बीच में से एक बड़ी और हट्टी कट्टी बिल्ली दिखाई दी।

वह बिल्ली अन्य बिल्लियों के बीच में से बाहर निकलकर आई और कहा, मेरी बहनों प्रार्थना करो। जब तुम बार बार प्रार्थना करोगी वह भी बिना सन्देह के तो सच में आसमान से चूहों की बारिश होगी।

जब कुत्ते ने यह सुना तो वह मन ही मन हँसने लगा और फिर उसने कहा, ओ! मूर्ख और अंधी बिल्लियों। क्या यह किताबों में नहीं लिखा गया है? क्या मैंने यह अपने माता पिता से नहीं जाना है कि जब प्रार्थना करने से बारिश होती है तो प्रार्थना में विश्वास करने से आसमान से हड्डियां बरसती है न कि चूहे।

7

दो सन्यासी

एक पर्वत की चोटी पर दो सन्यासी रहते थे। जो ईश्वर की उपासना करते थे और एक दूसरे से प्यार करते थे।

उन दोनों सन्यासियों के पास एक मिट्टी का बर्तन था और वह इकलौता बर्तन ही उन दोनों सन्यासियों की पूंजी थी।

एक दिन एक बुरी आत्मा वृद्ध सन्यासी के भीतर प्रविष्ट हो जाती है। और ततपश्चात वृद्ध सन्यासी जवान सन्यासी के पास जाता है और कहता है कि हम एक लंबे अरसे से एक साथ रह रहे हैं और अब समय आ गया है कि हम अलग हो जाएं। और इसके साथ ही चलो हम अपनी पूंजी रूपी मिट्टी के बर्तन को बांट लें।

वृद्ध सन्यासी की बात सुन जवान सन्यासी दुखी हो जाता है। और कहता है कि आप मुझे छोड़कर जा रहे हैं यह मेरे लिए बेहद पीड़ादायक है, मैं चाहता हूँ कि आप मुझे न छोड़े लेकिन फिर भी आप जाना चाहते हैं तो मैं आपको रोकूंगा नहीं। यह लीजिए हमारा इकलौता मिट्टी का बर्तन। हालांकि हम इसे बांट नहीं सकते। यह आप रख लीजिए।

जवान सन्यासी कि यह बात सुन वृद्ध सन्यासी बोल पड़ा। मैं दान पुण्य स्वीकार नहीं करूंगा। मैं कुछ नहीं लूंगा लेकिन अपना हिस्सा भी नहीं छोड़ूंगा। इस बर्तन का बटवारा अवश्य होगा।

इसके बाद जवान सन्यासी कहता है कि अगर मिट्टी का बर्तन तोड़ देंगे तो यह न आपके इस्तेमाल करने के लायक बचेगा और न ही मेरे।

हम ऐसा करते हैं कि इसका फैसला भाग्य से करते हैं।

मैं अपना न्याय इस तरह भाग्य पर नहीं छोड़ सकता। मुझे अपने न्याय पर विश्वास है भाग्य पर नहीं। यह मिट्टी का पात्र अवश्य बटेगा। वृद्ध सन्यासी एक बार फिर बोल पड़ता है।

जवान सन्यासी के इतने प्रयासों के बावजूद जब सन्यासी न माना तो जवान सन्यासी ने फैसला किया कि ठीक है हम यह मिट्टी का बर्तन तोड़ देते हैं। आप अपना हिस्सा ले लेना और मैं अपना हिस्सा ले लूंगा।

इतना कहते ही जवान सन्यासी ने मिट्टी का बर्तन ज़मीन पर पटक दिया और बर्तन के टूटते ही वृद्ध सन्यासी का चेहरा लाल पड़ गया। और वह चिल्लाया "ओ कायर" तूने मेरा मिट्टी का बर्तन तोड़ दिया। तू मुझसे जीत नहीं सकता है।

8

लेन देन

एक बार की बात है। एक आदमी था जिसके पास सुइयों का गुच्छा था।

एक दिन यीशु मसीह की माँ उस आदमी के पास आई और बोली "दोस्त" मेरे बेटे का कपड़ा फट गया है और गिरजाघर जाने से पहले मुझे इसको सिलना है। क्या आप मुझे एक सुई नहीं देंगे?

यीशु मसीह की माँ के माँगने पर भी वह आदमी उन्हें सुई नहीं देता है। लेकिन वह आदमी यीशु मसीह की माँ को उनके बच्चे के गिरजाघर जाने से पहले बच्चे को संभालने की लेनदेन की प्रक्रिया पर एक विस्तृत आख्यान देता है।

९

सात स्वयं

मध्य रात्रि में जब गुप्प सन्नाटा पसरा हुआ था। मैं आधे नींद में था और आधा जगा हुआ था कि तभी मेरे सातों स्वयं एक साथ बैठ गए और आपस में काना फूसी करने लगे।

पहले स्वयं ने कहा, यहाँ इस पागल आदमी के पास मैं सालों से रह रहा हूँ और दिन रात इस पागल आदमी के दुख दर्द सहता हूँ। मैं अब यह और नहीं सह सकता। अब मैं अवश्य विद्रोह करूंगा।

दूसरे स्वयं ने कहा, तुम्हारी हालत तो फिर भी मुझसे बेहतर है भाई। मेरे लिए इस पागल की खुशी भी दुख है। मुझे इसकी खुशी में खुश होना पड़ता है। इसके दुख में दुखी होना पड़ता है। मैं हार चुका हूँ। मैं तो विद्रोह भी नहीं कर सकता।

तीसरे स्वयं ने कहा, और मेरा क्या? मैं इसकी कामवासना का स्वयं हूँ। ज्वलंत और कामुक इच्छाएं, क्या यही मेरा अस्तित्व है? इस आदमी के खिलाफ तो सबसे पहले मुझे विद्रोह करना चाहिए।

चौथे स्वयं ने कहा, तुम सब में से सबसे अधिक दयनीय स्थिति मेरी है। मुझे तिरस्कार और द्वेष के अलावा और कुछ नहीं मिला है। क्या यही मेरा वजूद है? मैं तूफान जैसा स्वयं हूँ। जो नर्क की काली गुफा में पैदा हुआ है। कौन इस आदमी की सेवा करते हुए इसका विद्रोह करे।

पांचवे स्वयं ने कहा, नहीं, यह मैं हूँ। सोचता हुआ स्वयं। जो काल्पनिक स्वयं है। जो भूख और प्यास का स्वयं है। जो एक भटका हुआ

अपराधी है। जो उन चीज़ों को ढूंढ रहा है। जो अभी अस्तित्व में भी नहीं है। यह मैं हूँ, तुम नहीं। जो विद्रोह करेगा।

छठे स्वयं ने कहा, और मैं काम करने वाला स्वयं हूँ। एक दयनीय मज़दूर जिसके धैर्यपूर्ण हाथ और चाहत से भरी आँखें हैं। जो दिनों को सुंदर-सुंदर कल्पनात्मक तस्वीरों से सजाता है। जिसका कोई आकार नहीं है लेकिन वह शाश्वत है। जो अपने एकांत में एक है। जो इस बेचैन आदमी के खिलाफ विद्रोह करेगा।

सातवें स्वयं ने कहा, यह कितना अजीब है कि तुम सब इस आदमी के खिलाफ विद्रोह करना चाहते हो। क्योंकि तुम सब में से सभी का पूर्वनिर्धारित भाग्य है जिसकी तुम पूर्ति करना चाहते हो। मैं भी तुम्हारे जैसा हो सकता था, लेकिन मैं नहीं हूँ। मैं "कुछ नहीं" स्वयं हूँ। जो खाली, यहाँ, वहाँ और चुप्पियों में बैठता है। जब तुम सब जिंदगी को बनाने में व्यस्त होते हो। यह तुम या मैं हूँ। कौन विद्रोह करेगा?

जब सातवां स्वयं कह रहा था। तब बाकी छः स्वयं उसकी ओर दया भाव से देख रहे थे लेकिन उन्होंने कुछ कहा नहीं। और जब रात गहरी हो गई तो एक क बाद सभी नए और खुशहाली के ख्याल लिए सो गए।

लेकिन सातवां स्वयं अभी भी एकांत को देख और निहार रहा था। जो एकांत सभी चीज़ों के पीछे व्याप्त हैं।

10

युद्ध

एक रात्रि को राजा के राजमहल में भव्य भोज का आयोजन हुआ। रात्रिभोज के आयोजन में सभी तल्लीन थे कि तभी एक आदमी भव्य आयोजन में आकस्मिक रूप से आ गया और उसने राजकुमार को नमस्कार किया।

भव्य भोज में आये सभी लोग उस आदमी को देखने लगे। उस आदमी की एक आँख बाहर आ गई थी और आँख की खाली जगह से खून बह रहा था।

तभी राजकुमार ने पूछा, यह तुम्हें चोट कैसे लगी?

राजकुमार के पूछने पर वह आदमी ने कहा कि "राजकुमार" मैं पेशे से एक चोर हूँ और आज रात को मैं चोरी के इरादे से बैंक में घुसने वाला था लेकिन अँधेरी रात में मैं गलती से बुनकर की दुकान में खिड़की के रास्ते घुस गया। और जैसे ही खिड़की पर से नीचे कूदा तो बुनकर का नुकीला करघा मेरी एक आँख में घुस गया और मेरी यह दशा हो गई।

राजकुमार मैं आपसे न्याय की गुहार करता हूँ। आप बुनकर को सज़ा दीजिए।

चोर के कहने पर राजकुमार बुनकर को बुलाने का आदेश देते हैं। राजकुमार के आदेश पर बुनकर राजकुमार के समक्ष प्रस्तुत हो जाता है। और राजकुमार बुनकर की एक आँख निकालने का आदेश देते हैं।

राजकुमार का यह आदेश सुनकर बुनकर कहता है। राजकुमार आपका आदेश सिर आँखों पर लेकिन मेरी आपसे विनती है कि मेरी एक आँख न निकालें क्योंकि मुझे कपड़ा बुनने के लिए दोनों आँखों से देखना पड़ता है।

लेकिन आपके आदेश की पूर्ति के लिए मेरे पास एक तरीका है। और वह तरीका यह है कि मेरा एक पड़ोसी है। जो की एक मोची है और उसकी भी दो आँखें हैं। लेकिन उसके मोची के काम में दोनों आँखों की आवश्यकता नहीं है।

बुनकर की यह बात सुन राजकुमार मोची को बुलाने का आदेश देते हैं। आदेश सुनकर मोची राजकुमार के सामने हाज़िर हो जाता है।

राजकुमार के आदेश की पूर्ति होती है मोची की दोनों आँखें निकाल दी जाती हैं।

और अंततः संतुष्टिपूर्ण न्याय मिल जाता है।

11

लोमड़ी

एक लोमड़ी उगते सूर्य की रौशनी में अपनी परछाई देखती है और कहती है कि आज तो दोपहर के भोजन में मैं ऊँट ही खाऊंगी।

और फिर वह सुबह से लेकर दोपहर तक ऊँट की तलाश में भटकती रहती है। लेकिन उसे ऊँट कहीं नहीं मिलता है।

अंत में जब दोपहर में वह फिर से सूर्य की रौशनी में अपनी परछाई देखती है तो कहती है कि मेरे लिए तो एक चूहा ही काफी है।

12

बुद्धिमान राजा

एक बार की बात है। वीरानी नामक एक राज्य था। जहाँ का राजा बहुत बहादुर और बुद्धिमान था। लोग उस राजा की बहादुरी से भय में रहते थे और उसकी बुद्धिमत्ता के लिए उसे प्यार करते थे।

वीरानी राज्य में राज्य के बीचों बीच एक कुआँ था। जिसका पानी बेहद शीतल और स्वच्छ था। जिस कुँए का पानी राज्य के आम नागरिकों से लेकर वीरानी राज्य के राजा और उनके मंत्री तक पीते थे। क्योंकि पूरे राज्य में उस कुँए के अलावा और कोई कुआँ नहीं था।

एक रात को जब राज्य के सभी नागरिकों और राजा सो रहे थे तो एक जादूगरनी राज्य में घुस आई और उस कुँए के पास जाकर उसमें एक खास किस्म के पेय पदार्थ की कुछ बूंदे उड़ेल दिया। और यह कहकर वहाँ से चली गई कि अब से जो भी इस कुँए का पानी पियेगा वह पागल हो जाएगा।

अगले दिन सुबह जब वीरानी राज्य के निवासी कुँए से पानी ले गए और पिया तो वह सभी पागल हो गए। देखते ही देखते राजा और उसके मंत्रियों को छोड़कर पूरे राज्य के नागरिक पागल हो गए।

ततपश्चात दिन में पागलों की कुछ टुकड़ी राज्य के बाज़ार में इकट्ठी हुई और कहने लगीं कि राजा पागल हो गया है और हम एक पागल राजा के शासन में नहीं रह सकते इसलिए हम सभी मिलकर राजा का विरोध कर उसे उसकी गद्दी से हटा देंगे।

उसी शाम राजा ने एक सुनहरे गिलास में कुँए का पानी लाने का आदेश दिया। आदेश का पालन हुआ और राजा ने भरा हुआ गिलास एक बार में ही पी लिया और अपने मंत्रियों को भी कुँए का पानी पीने का आदेश दिया। मंत्रियों ने भी कुँए का पानी पी लिया।

इसके बाद वीरानी राज्य में आनंद की लहर दौड़ गई। क्योंकि राजा और उसके मंत्रियों ने राज्य पर फिर से अपना नियंत्रण स्थापित कर लिया।

13

महत्वकांक्षा

तीन लोग एक शराबखाने में एक टेबल पर मिलते हैं। जिनमें से पहला एक बुनकर होता है। दूसरा एक लड़की का काम करने वाला होता है। वहीं तीसरा गड्डा खोदने का काम करने वाला होता है।

तीनों टेबल पर बैठे होते हैं तभी बुनकर बोल पड़ता है कि 'आज मैंने दो कफ़न बेचा है और मुझे दो सोने के सिक्के मिले हैं, चलो आज ढेर सारी शराब पियेंगे।'

बुनकर की बात खत्म होते ही लकड़ी का काम करने वाला भी बोल पड़ता है कि 'आज मैंने अपना बनाया हुआ सबसे बेहतरीन ताबुक बेचा है, शराब के साथ साथ कबाब का भी मज़ा लिया जाएगा।

बुनकर और लकड़ी का काम करने वाले की बातें सुनकर गड्डा खोदने वाला खुद को रोक नहीं पाया और वह भी बोल पड़ा कि 'आज मैंने सिर्फ एक ही कब्र खोदा है लेकिन मुझे इसका दुगना मेहनताना मिला है तो हम शराब और कबाब के साथ केक का भी मज़ा लेंगे।

पूरी शाम तीनों ने शराब, कबाब और केक का खूब लुफ्त उठाया। उन तीनों को देखकर शराबखाने का मालिक और उसकी पत्नी मुस्कुराते हुए अपने हाथ मलने लगे।

शाम से रात हो गई और तीनों शराब खाने से निकलकर गाते, चीखते-चिल्लाते सड़क के किनारे-किनारे चलने लगे।

शराबखाने का मालिक और उसकी पत्नी शराबखाने के बाहरी दरवाजे के पास खड़े होकर उन तीनों को जाते हुए देख रहे थे। तभी शराबखाने के मालिक की पत्नी बोल पड़ी कि ऐसे ही इस तरह के लोग हमारे शराबखाने में आते रहे तो हमारा हर दिन भाग्यशाली दिन होगा। फिर हम अपने बेटे को पढ़ा सकेंगे और फिर उसे हमारी तरह शराबखाने में काम नहीं करना पड़ेगा बल्कि वह एक पादरी बनेगा।

14

नया सुख

अंतिम रात मैंने एक नए सुख की खोज की और जब मैं उस नए सुख का पहला परीक्षण कर रहा था तो तभी एक परी और एक शैतान तेज़ी से मेरे घर की तरफ दौड़े।

वह दोनों मेरे घर के दरवाज़े पर मिले और मेरे द्वारा खोजे गए नए सुख को लेकर एक दूसरे से लड़ने लगे।

एक ने रोते हुए कहा "यह पाप है" तो वहीं दूसरे ने कहा "यह एक उच्च नैतिकता है।"

15
अन्य भाषा

जब मैं पैदा हुआ, उसके तीन दिन बाद मैं एक मखमल से पालने में लेटा हुआ आश्चर्य और संकोच से अपने आस पास के संसार को निहार रहा था। मेरी माँ ने मुझे दूध पिलाने वाली दाई माँ से कहा, कैसा है मेरा बच्चा?

बच्चा ठीक है, दाई माँ ने मेरी माँ से कहा। मैंने इसे तीन बार दूध पिला दिया है और इससे पहले मैंने इतना सुंदर और स्वस्थ बच्चा नहीं देखा था। दाई माँ ने फिर से कहा।

यह सुन मैं क्रोधित हो उठा और चिल्लाया। यह सच नहीं है माँ। मेरा पालना बहुत सख्त है और जो दूध मैं पीता हूँ वह बहुत कड़वा है। इतना ही नहीं स्तनों की गंध जो मेरे नाक के नथुनों में जाती है वह मुझे बिल्कुल भी पसंद नहीं है। मेरी हालत बेहद दयनीय है।

लेकिन मेरी माँ यह समझती नहीं और न ही दाई माँ समझती हैं। मैं जो भाषा बोलता हूँ वह उस संसार की है जहाँ से मैं आया हूँ।

मेरे जन्म के इक्कीसवें दिन एक पादरी ने मेरी माँ से कहा कि, मैडम आपको खुश होना चाहिए। आपका बेटा ईसाई के रूप में पैदा हुआ है।

पादरी की बात सुन मैं बेहद आश्चर्यचकित हुआ। फिर मैंने पादरी से कहा, तब तो तुम्हारी माँ स्वर्ग में तुम्हें लेकर दुखी होंगी क्योंकि तुम ईसाई पैदा नहीं हुए थे।

लेकिन पादरी भी मेरी भाषा समझ नहीं पाया।

एक हफ्ते के बाद एक दिन एक भविष्य देखने वाला घर आया। भविष्य देखने वाले ने मेरी तरफ देखा और फिर मेरी माँ से कहा कि, एक दिन आपका बेटा राजनेता बनेगा।

यह सुनकर मैं ज़ोर से चिल्लाया। यह झूठी भविष्यवाणी है। मूर्ख मैं एक संगीतकार भी तो बन सकता हूँ। मैं एक संगीतकार ही बनूंगा।

लेकिन मेरी उम्र की इस अवस्था में भी मेरी भाषा को समझा नहीं गया। और यह मेरे लिए बेहद हैरानी की बात थी।

तीस सालों के बाद। जिस दौरान मेरी माँ, दाई माँ और पादरी सभी मर गए। लेकिन भविष्यवाणी करने वाला अभी भी जीवित था। कल मैं उससे मंदिर के दरवाजे पर मिला। जब हम एक दूसरे से बात कर रहे थे। तब भविष्यवाणी करने वाले ने कहा, मैं हमेशा से ही जानता था कि तुम एक संगीतकार बनोगे। यहाँ तक कि मैंने तुम्हारे शिशु अवस्था में ही यह भविष्यवाणी कर दी थी।

मैंने भविष्यवाणी करने वाले की बात पर विश्वास कर लिया। और अब से मैं भी दूसरी दुनिया की भाषा भूल गया।

16

अनार

एक बार, जब मैं अनार के हृदय में निवास करता था। तब मैंने एक बीज से यह कहते सुना कि, किसी दिन मैं एक पेड़ बन जाऊंगा। हवाएं मेरी शाखाओं पर गीत गाएंगे और सूर्य मेरी पत्तियों पर नृत्य करेगा। मैं सभी ऋतुओं से गुजरते हुए, धूप घाम, पानी पत्थर की थपेड़ों से मजबूत और खूबसूरत हो जाऊंगा।

तभी एक अन्य बीज ने कहा, जब मैं तुम्हारी तरह जवान था। तब मैंने भी यह सोचा था, लेकिन अब जब मैंने चीज़ों को जाँच और परख लिया है, तो मैं देखता हूँ मेरी सभी आशाएं व्यर्थ थी।

इसके बाद तीसरे बीज ने भी कहा, मैंने हमारे भीतर ऐसा कुछ नहीं देखा जो एक शानदार भविष्य का वादा कर सके।

फिर चौथा बीज भी बोल पड़ा, लेकिन बिना एक शानदार भविष्य के हमारा जीवन एक मज़ाक बन जाएगा।

इसके बाद पांचवा बीज भी बोल पड़ा, हम तो यह भी नहीं जानते कि आखिर हम कौन हैं। फिर यह विवाद क्यों करना?

लेकिन इस पर छठे बीज ने जवाब दिया, हम जो भी हैं, आगे भी वही रहेंगे।

फिर सातवें बीज ने कहा, मेरे पास साफ और स्पष्ठ विचार हैं लेकिन मैं इस विचार को शब्दों में बयां नहीं कर सकता।

तभी आठवें बीज ने कहा, फिर नौंवे ने कहा, और फिर अनेकों बीजों ने कहना शुरू कर दिया। जब सभी बोल रहे थे। मैं उन अनेकों आवाज़ों के अलावा कुछ भी अंतर नहीं कर पाया।

इसलिए मैं उसी दिन अनार के हृदय से निकलकर श्रीफल के हृदय में चला गया। जहाँ कुछेक ही बीज थे। और जहाँ अधिकांश चुप्पी छाई हुई थी।

17

दो पिंजरे

मेरे पिता के बगीचे में दो पिंजरे हैं। उन दोनों पिंजरों में से एक में एक शेर बंद है। जिसे मेरे पिता के नौकर ने नीनावाह रेगिस्तान से पकड़कर लाया था।

वहीं दूसरे पिंजरे में एक न गा पाने वाली गौरैया है। जो हर रोज़ दिन के ढलते ही शेर से कहती है कि कल का दिन आपके लिए अच्छा हो, मेरे साथी कैदी।

18

तीन चींटियां

तीन चींटियां सूर्य की रौशनी में सोते हुए मनुष्य के नाक के पास मिलीं। तीनों चींटियों ने अपनी जाति के रीति रिवाज के अनुसार एक दूसरे को सलाम और अभिवादन किया। फिर तीनों मनुष्य के नाक के पास ही बातचीत करने लगीं।

पहली चींटी ने कहा, अभी तक मैंने इन पहाड़ियों और समतल भूमि से अधिक बंजर कुछ नहीं देखा। मैंने पूरा दिन खाने की तलाश में गुजारा लेकिन मुझे कुछ नहीं मिला।

दूसरी चींटी ने कहा, मैं हर समतल जगह गई, हर कोना तलाशा लेकिन मुझे भी कुछ नहीं मिला। मेरे लोगों ने कहा कि चलती हुई ज़मीन पर कुछ नहीं उगता है।

तभी तीसरी चींटी सिर की तरफ बढ़ी और कहा, मेरे साथियों अब हम सर्वोच्च चींटी की नाक पर खड़े हैं। जो अजेय और बहादुर है। जिसका शरीर बहुत विशाल है। जिसे हम देख नहीं सकते। जिसकी परछाई भी बहुत विशाल है। जिसे हम छू भी नहीं सकते। जिसकी आवाज़ बहुत तेज़ है। जिसे हम सुन भी नहीं सकते। यह सर्वशक्तिमान है।

जब तीसरी चींटी ने अपनी बात खत्म की तो बाकी की चींटियों ने एक दूसरे को देखा और हँस पड़ी।

उसी क्षण आदमी हिला और नींद से जागा तो उसने अपनी नाक खुजाई। जिससे तीनों चींटियां आदमी की उंगलियों के बीच में फसकर

बुरी तरह से पिसकर मर गईं।

19

कब्र खोदने वाला

एक बार जब मैं अपने एक परिचित को दफना रहा था। तभी कब्र खोदने वाला मेरे पास आया और बोला कि जितने भी लोग यहाँ आये हैं उन सभी लोगों में से तुम अकेले हो जिसे मैं पसंद करता हूँ।

मैंने कहा "मैं" पर सिर्फ मैं ही क्यों? मैंने उत्सुकता से पूछा।

मुझे सिर्फ तुम इसलिए पसंद आये क्योंकि यहाँ तुम्हें छोड़कर जितने भी लोग आये सब रोते हुए आये और रोते हुए ही गए। सिर्फ एक तुम ही हो जो हँसते हुए आये और हँसते हुए जा रहे हो।

20

मंदिर की सीढ़ियों पर

कल शाम मैंने मंदिर की संगमरमर की बनी सीढ़ियों पर एक स्त्री को दो मर्दों के बीच में बैठे हुए देखा।

दोनों मर्दों के बीच में बैठी उस स्त्री का एक तरफ का चेहरा खिलखिला रहा था तथा दूसरी तरफ का चेहरा मुर्झाया हुआ था।

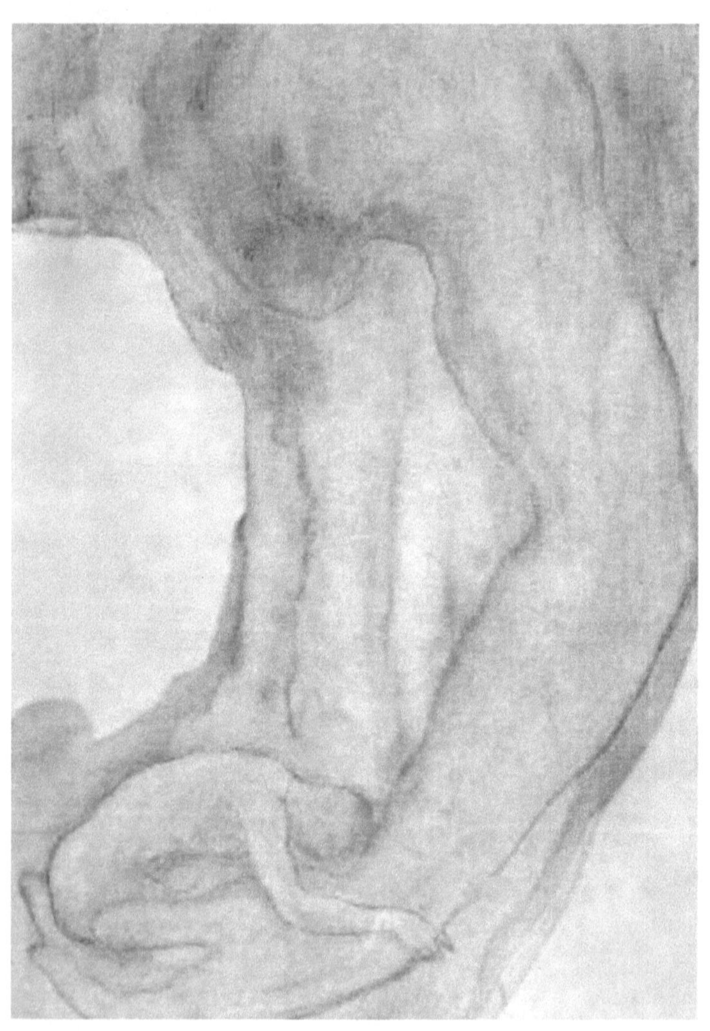

21

पवित्र शहर

मेरी जवानी के दिनों में मैंने सुना था कि एक ऐसा शहर है जहाँ लोग धार्मिक ग्रन्थों के अनुसार जीवन व्यतीत करते है।

मैंने कहा, मैं एक दिन इस शहर और इसकी पवित्रता के रहस्य की खोज करूंगा। और फिर बहुत दिनों के बाद मैंने एक यात्रा शुरू की और उस यात्रा के कुछ प्रावधान बनाए। अंततः चालीस दिनों के बाद मैंने इस शहर को ढूंढ लिया। फिर इकतालीसवें दिन मैंने इस पवित्र शहर में प्रवेश किया।

जब मैंने इस पवित्र शहर में प्रवेश किया तो देखा। यहाँ के सभी निवासी एक आँख और एक हाथ के साथ जीवन व्यतीत कर रहे हैं। मैं यह देखकर बेहद हैरान हुआ। क्या यही पवित्र शहर है जहाँ लोगों के एक आँख और एक ही हाथ है?

फिर मैंने देखा कि यहाँ के निवासी भी बेहद हैरान हैं। वह मेरे दोनों हाथों और आँखों को देखकर आश्चर्यचकित हैं और एक दूसरे से कानाफूसी कर रहे हैं। जब मैंने उनसे पूछा कि क्या यही पवित्र शहर है, जहाँ लोग धार्मिक ग्रन्थों के अनुसार रहते हैं? तो उन्होंने कहा, हाँ, यही वह पवित्र शहर है।

तुम लोगों पर ऐसी क्या विपदा आ गई? तुम्हारी दाहिनी आँख और दाहिना हाथ कहाँ है? व्याकुल होकर मैंने कहा।

आओ और देखो। उन लोगों ने जवाब दिया और वह सभी वहाँ से चले गए।

फिर वह लोग मुझे शहर के बीचो बीच स्थिति एक मंदिर में ले गए। जब मैंने मंदिर में प्रवेश किया तो देखा, वहाँ आँख और हाथों का ढेर लगा हुआ है। जो मुझ्रा गए हैं। यह देखकर मैंने पूछा, किस शासक ने तुम लोगों पर यह क्रूरता की है?

मेरे यह पूछते ही लोग आपस में बड़बड़ाने लगे। तभी उन लोगों के बीच से एक बूढ़ा व्यक्ति आगे आया और कहने लगा कि यह हमनें खुद किया है। ईश्वर ने हमें हमारे भीतर के शैतान पर विजय पाने के लिए ऐसा करने के लिए कहा है।

इसके बाद वह मुझे मंदिर की ऊंची बेदी के पास ले गए। अन्य लोग भी हमारे पीछे पीछे आने लगे। उन्होंने मुझे बेदी पर रखी धार्मिक ग्रन्थ दिखाए। जिन्हें मैंने पढ़ना शुरू किया।

अगर तुम्हारी दाहिनी आँख तुम्हें अपमानित करती है तो उसे निकालकर बाहर फेंक दो। यह तुम्हारे लिए फायदे का सौदा है कि कोई अन्य व्यक्ति तुम्हारा नाश करे। और तुम्हारे पूरे शरीर को नर्क में झोंक दे?

और अगर तुम्हारा दाहिना हाथ तुम्हें अपमानित करे तो उसे काटकर फेंक दो। क्या यह तुम्हारे लिए फायदे का सौदा है कि कोई अन्य व्यक्ति तुम्हारा नाश करे। और तुम्हारे पूरे शरीर को नर्क में झोंक दे।

अब मैं समझ गया। मैं सभी लोगों के बीच से निकला और चिल्लाया। क्या तुम्हारे बीच कोई ऐसा आदमी या औरत नहीं है जिसके दोनों आँखें और दोनों हाथ हो?

मेरी बात सुन उन लोगों ने उत्तर दिया। नहीं, कोई ऐसा आदमी या औरत नहीं बची। यहाँ जो बचे हैं वह धार्मिक ग्रन्थों को पढ़ने और उसके उपदेशों को समझने के लिए बहुत छोटे हैं।

इसके बाद हम मंदिर के बाहर आए। मैं पवित्र शहर को छोड़कर चला गया। पवित्र शहर के लिए मैं बहुत छोटा नहीं था। मैं धार्मिक ग्रन्थों को पढ़ सकता था।

ॐ❧

22

अच्छे ईश्वर और बुरे ईश्वर

एक दिन अच्छे ईश्वर और बुरे ईश्वर पर्वत की चोटी पर मिलते हैं।

अच्छे ईश्वर ने कहा, आपका दिन शुभ हो मेरे भाई।

इस पर बुरे ईश्वर कोई जवाब नहीं देते हैं।

अच्छे ईश्वर ने फिर से कहा, आज आपका मन उखड़ा हुआ है।

हाँ, आपने सही कहा। बुरे ईश्वर ने जवाब दिया।

क्योंकि मुझे अक्सर आपकी तरह समझा जाता है। आपके नाम से पुकारा जाता है। मुझसे आपकी तरह बर्ताव किया जाता है।

बुरे ईश्वर की यह बात सुन अच्छे ईश्वर भी बोल पड़ते हैं। मुझे भी अक्सर आपकी तरह समझा जाता है। आपके नाम से पुकारा जाता है। आपके जैसा बर्ताव किया जाता है।

अच्छे ईश्वर की बात पूरी होते ही बुरे ईश्वर मनुष्य की मूर्खता की पराकाष्ठा को कोसते हुए वहाँ से चले जाते हैं।

23

पराजय

पराजय, मेरी पराजय, मेरा एकांत और अलगाव
तुम मुझे हज़ारों विजय से भी अधिक प्रिय हो
और मेरे हृदय के लिए
सभी वैभव से भी अधिक अभिप्रेत हो
पराजय, मेरी पराजय
मेरे आत्मज्ञान और मेरी अज्ञानता
तुम्हारे कारण ही मैं जान पाया कि
मैं अभी भी जवान और कोमल हूँ
मैं नष्ट हो जाने वाली ख्यातिओं में
फंस नहीं सकता
तुम में मैंने एकांत पाया है
और पाया है त्याग और अपमान का आनन्द
पराजय, मेरी पराजय
मेरी चमकती तलवार और उसकी म्यान
मैंने तुम्हारी आँखों में पढ़ा है
कि जो विराजमान है वह गुलाम है
कि जो समझ है वह खुद की पूर्णता है
और समझा जाना अपना स्तर गिराना है
और एक पके फल की तरह गिरना

भोग लग जाना है

पराजय, मेरी पराजय, मेरे साहसिक साथी

तुमने मेरे गीत, मेरी चींखें और मेरी चुप्पियाँ सुनी हैं

अन्य कोई नहीं लेकिन तुमने कहा है मुझसे

पंखों की फड़फड़ाहट, समुद्रों की विनती

और पहाड़ों की जो रात में जलते हैं

और तुम अकेले मेरे पत्थर की आत्मा पर खड़े होओगे

पराजय, मेरी पराजय

कभी न खत्म होने वाले मेरे साहस

तुम और मैं आंधियों के साथ मुस्कुरायेंगे

और साथ में हम उन लोगों की कब्र खोदेंगे

जो हमारे भीतर मर गए हैं

और हम अपनी मर्ज़ी से सूर्य की रौशनी में खड़े होंगे

और हम बेहद खतरनाक हो जाएंगे

24

राित और पागल

ओ! काली एवं नग्न रात्रि। मैं तुम्हारे जैसा हूँ। मैं आग से धधकते रास्ते पर चलता हूँ। जो मेरे दिन के सपनों के ऊपर है और जब मेरा पैर पृथ्वी को छूता है तो वहाँ एक विशाल वाक वृक्ष उग जाता है।

नहीं, तुम मेरी तरह नहीं हो। ओ! पागल तुम अभी भी पीछे देख रहे हो कि कैसे तुमने एक विशाल पद चिन्ह पीछे रेत पर छोड़ा है।

ओ! शांत एवं गहरी रात्रि। मैं तुम्हारे जैसा हूँ। मेरे एकांत के हृदय में बच्चे के पालने में एक देवी सोती हैं। और जो स्वर्ग में जन्म लेता है नर्क छूता है।

नहीं, तुम मेरी तरह नहीं हो। ओ! पागल तुम दर्द से पहले कपकपाने लगते हो और नर्क का गीत तुम्हें डराता है।

ओ! जंगली और भयानक रात्रि। मैं तुम्हारे जैसा हूँ। मेरा कान विजयी राष्ट्रों की चीखों और भुला दी गई ज़मीनों से भरा हुआ है।

नहीं, तुम मेरी तरह नहीं हो। ओ! पागल तुम अभी तक खुद को महत्व देते हो और तुम्हारे खुद को महत्व देने से तुम दोस्त नहीं बन सकते।

ओ! निर्दयी एवं भयंकर रात्रि। मेरी छाती समुद्र किनारे जलती जहाज से जल रही है। और मेरे होंठ मारे गए योद्धाओं के खून से गीले हुए हैं।

नहीं, तुम मेरी तरह नहीं हो। ओ! पागल अभी भी तुम्हारे ऊपर आत्म भावना की इच्छा हावी है। और तुम कभी खुद के प्रति न्यायप्रिय नहीं हो

सकते।

ओ! खुश एवं प्रसन्न रात्रि। मैं तुम्हारी तरह हूँ। जो मेरी परछाई में निवास करते हैं अब वह मदिरापान करते हैं और जो मेरा अनुसरण करते हैं वह खुशी से पाप करते हैं।

नहीं, तुम मेरी तरह नहीं हो। ओ! पागल तुम्हारी आत्मा सात परतों वाले घूंघट में छिपी हुई है। और तुम अपना हृदय अपने हाथ में नहीं रख सकते।

ओ! धैर्य एवं ऊर्जावान रात्रि। मेरे स्तन में हज़ारों मृत प्रेमी मुरझाए हुए चुम्बनों के कफ़न में लिपटे हुए दफ़न हैं।

हाँ, पागल। तुम मेरी तरह हो? तुम मेरी तरह हो? क्या तुम घोड़े की भांति तूफान की सवारी कर सकते हो? और तलवार की भांति आसमानी बिजली को पकड़ सकते हो?

तुम्हारी तरह। ओ! रात्रि। तुम्हारी तरह ऊंचा और बहादुरी। मेरा सिंघासन हारे हुए देवताओं के ढेर के ऊपर बना है। मुझसे पहले मेरे वस्त्रों का सिरों को चूमने के दिन बीत जाते हैं। लेकिन कभी मेरे चेहरे पर गौर मत करना।

तुम मेरी तरह हो। मेरे अंधकारमय हृदय के बच्चे? क्या तुम मेरे अपरिभाषित विचारों के बारे में सोचते हो? और मेरी विशाल भाषा बोलते हो?

हाँ, हम जुड़वा भाई हैं। ओ! रात्रि। तुमने अपनी जगह प्रकट की है और मैंने अपनी आत्मा।

25

चेहरे

मैंने एक चेहरा देखा हज़ारों भाव भंगिमाएं लिए और एक ऐसा चेहरा भी देखा जिस चेहरे पर सिर्फ एक ही भाव नज़र आया।

एक चेहरा जो चमकदार था लेकिन मैंने उस चमकदार चेहरे के भीतर छिपी कुरूपता देखी।

वहीं मैंने एक चेहरा ऐसा भी देखा जो चमकदार नहीं था लेकिन उस चेहरे के भीतर सुंदरता का पुंज खिला हुआ था।

मैंने एक बूढ़ा चेहरा देखा जिस पर झुर्रियां मयस्सर तो थीं लेकिन कोई शिकन नहीं था।

वहीं मैंने एक मुलायम और सुंदर चेहरा देखा जिस पर झुर्रियां तो नहीं थीं लेकिन शिकन साफ दिखाई दे रहा था।

मैं चेहरों को जानता हूँ। क्योंकि मैंने उन आँखों से देखा है जिन आँखों पर मेरे द्वारा ही बनाया गया पर्दा चढ़ा हुआ है।

लेकिन चेहरों की जो सच्चाई है, वह गहराई में मौजूद है।

26

विशाल समुद्र

मैं और मेरी आत्मा विशाल समुद्र की गहराई में नहाने के लिए गए। और जब हम समुद्र के किनारे पर पहुँचे। हम गुप्त एवं एकांत स्थान की तलाश करने लगे।

लेकिन जैसे ही हम चलें। हमनें देखा एक आदमी एक हरे पत्थर पर बैठा हुआ, अपने झोले से चुटकी भर भर कर नमक निकाल रहा है और उसे समुद्र में फेंक रहा है।

यह निराशावादी है, मैंने अपनी आत्मा से कहा। चलो यहाँ से चलें। हम यहाँ नहीं नहा सकते।

हम वहाँ से चल दिए और एक प्रवेश द्वार पर रुके। वहाँ हमनें देखा, एक आदमी सफेद पत्थर पर खड़ा है। उसने रत्नों से सुसज्जित एक बक्सा पकड़ा है और उस बक्से से वह चीनी निकालकर समुद्र में फेंक रहा है।

यह आशावादी है, मैंने अपनी आत्मा से कहा। और उसने भी हमारा नग्न शरीर नहीं देखा।

हम आगे बढ़े और एक बीच पर हमनें एक आदमी को देखा जो मरी हुई मछलियों को उठाकर बड़े प्रेम से उन्हें समुद्र में फेंक रहा है।

हम इसके सामने नहीं नहा सकते। यह एक मानव परोपकारी है।

और हम फिर से चल पड़े।

अब हम वहाँ आ गए जहाँ एक आदमी अपनी परछाई को रेत पर ढूंढ रहा है। और विशाल लहरें आ रहीं हैं और उसकी परछाई को मिटा दे रहीं हैं। लेकिन वह बार बार अपनी परछाई को ढूंढ रहा है।

यह एक रहस्यवादी है। मेरी आत्मा ने कहा। चलो हम यहाँ से चलें।

हम फिर चल पड़े। और एक शांत खाड़ी के पास पहुँचे। जहाँ हमनें देखा कि एक आदमी झाग को उठाकर एक कटोरे में डाल रहा है।

यह एक आदर्शवादी है। मेरी आत्मा ने कहा। अवश्य यह भी हमारी नग्नता नहीं देख पाया होगा।

और हम फिर चल पड़े। अभी हम चले ही थे कि हमनें एक चिल्लाने की आवाज़ सुनी। यह गहरे, विशाल और साहसिक समुद्र की चिल्लाने की आवाज़ थी।

जब हम आवाज़ के पास पहुँचे तो हमनें देखा, वह एक आदमी था। जो समुद्र की ओर पीठ करके अपने कानों के पास सीप को रखकर उसकी बुदबुदाहट सुन रहा है।

यह देख मेरी आत्मा ने कहा, चलो यहाँ से चलें। यह एक यथार्थवादी है। जो अपनी पीठ पीछे रखता हो वह कुछ नहीं पकड़ सकता। वह बस खुद को टुकड़ों में व्यस्त रख सकता है।

इसलिए हम चल पड़े। और एक अज़ीब जगह पत्थरों के बीच हमनें देखा एक आदमी अपने सिर को रेत में दफनाए हुए है।

तभी मैंनें आत्मा से कहा, हम यहाँ नहा सकते हैं। यह आदमी हमें देख नहीं सकता।

नहीं, मेरी आत्मा ने कहा। यह सभी आदमियों में से सबसे अधिक खतरनाक है। यह नैतिकतावादी है।

तभी एक गहरी उदासी मेरी आत्मा के चेहरे और उसकी आवाज़ में झलकी।

इसलिए हम यहाँ से चलते हैं। मेरी आत्मा ने कहा। यहाँ कोई एकांत एवं गुप्त जगह नहीं है जहाँ हम नहा सकें।

मैं नहीं चाहता, यह हवाएं मेरे सुनहरे बालों को लहरायें। मेरे कोमल स्तन खोखली आँखों वाली फ़िज़ा में प्रदर्शित हो। और उजाला मेरी भयभीत नग्नता को सार्वजनिक करे।

फिर मैं और मेरी आत्मा ने विशाल समुद्र की तलाश में समुद्र को छोड़ दिया।

सूली पर

मैंने एक आदमी से चिल्लाकर कहा, मैं सूली पर चढ़ा दिया जाऊंगा।

और उसने कहा, तुम्हारे मृत्यु की जिम्मेदारी हमारे सिर पर क्यों?

और मैंने जवाब दिया, तुम मुझ पागल को बिना सूली पर चढ़ाए कैसे उन्नति कर सकते हो?

फिर उन्होंने मेरी बात मान ली और मुझे सूली पर चढ़ा दिया और फिर मुझे शांति मिली।

और जब मैं पृथ्वी और स्वर्ग के बीचो बीच लटका हुआ था। तब उन्होंने मुझे देखने के लिए अपना सिर ऊंचा किया।

लेकिन जैसे ही वह मुझे देखने के लिए खड़े हुए। एक ने कहा, तुम किस बात का प्राश्चित कर रहे हो?

और फिर दूसरे ने कहा, तुमने किस लिए खुद को सूली पर चढ़ाया?

और फिर तीसरे ने कहा, क्या तुम सोचते हो कि इससे तुम विश्व में नाम कमा लोगे?

तभी चौथे ने कहा, देखो कैसे यह मुसकुरा रहा है। क्या ऐसा दर्द माफ़ हो सकता है।

और फिर मैंने सभी के प्रश्नों का उत्तर दिया। और कहा,

याद रखो मैं सिर्फ मुस्कुरा रहा हूँ। मैं न प्राश्चित कर रहा हूँ न ही बलिदान दे रहा हूँ और न ही मुझे विश्व में नाम कमाना है। मेरे पास क्षमा के लिए कुछ नहीं है। मैं प्यासा हूँ और तुमसे विनती करता हूँ कि मुझे

मेरा खून दे दो। ताकि मैं अपनी प्यास बुझा सकूं। क्या यहाँ प्यास बुझाने के लिए सिर्फ पागल आदमी का खून है?

मैं मूर्ख हूँ? मैंने तुम्हारे मुँह के घावों से पूछा। मैं तुम्हारे रात और दिन का कैदी था। और मैंने लम्बी रातों और दिनों में तुमसे एक दरवाजा मांगा।

और अब मैं जा चुका हूँ। जैसे सभी सूली पर चढ़ाए गए जा चुके हैं। और यह मत सोचना कि हम सूली पर चढ़ाए जाने से हार गए हैं।

हम इससे बड़े समुदायों, तथाकथित सभ्य लोगों और पृथ्वी तथा स्वर्ग के बीच बार बार सूली पर चढ़ाए जाएंगे।

28

खगोलशास्त्री

मैंने और मेरे मित्र ने देखा कि मंदिर की परछाई में एक अंधा आदमी अकेला बैठा हुआ है।

उस अंधे आदमी को देख मेरे मित्र ने कहा, मालूम होता है कि वह आदमी पृथ्वी का सबसे बुद्धिमान आदमी है।

मेरे मित्र की यह बात सुन मैं मेरे मित्र को वहीं छोड़कर उस अंधे आदमी की तरफ बढ़ा। उसके पास पहुँचकर मैंने उसका अभिवादन किया। और फिर हमनें काफी बातचीत की।

थोड़ी देर के बाद मैंने उस आदमी से कहा, मुझे मेरे इस मूर्खतापूर्ण सवाल के लिए माफ करना पर मैं जानना चाहता हूँ कि आप कब से अंधे हैं?

मैं जन्म से अंधा हूँ। उस आदमी ने जवाब दिया। फिर मैंने कहा, वह बुद्धिमत्ता का कौन सा रास्ता है जिस पर आप चलते हैं?

वह आदमी कहता है, मैं एक खगोलशास्त्री हूँ।

और यह कहने के बाद अपना हाथ अपने छाती के ऊपर रखता है और एक फिर से कहता है, मैंने सभी सूर्य, चंद्रमा और तारों को देखा है।

29

बड़ी लालसा

यहाँ मैं अपने भाई पर्वत और अपनी बहन समुद्र के बीच में बैठा हुआ हूँ।

हम तीनों एकांत में एक हैं और जो प्रेम हमें एक साथ बांधे रखता है वह गहरा, मज़बूत और अनोखा है। यह मेरी बहन की गहराई से भी अधिक गहरा और मेरे भाई की मज़बूती से भी अधिक मज़बूत है। और मेरे अनोखे पागलपन से भी अधिक अनोखा है।

शताब्दियाँ बीत चुकी हैं। जब हम पैदा हुए और इसके दौरान हमने अनेकों दुनिया की पैदाइश, जवानी और मृत्यु देखी। हम अभी भी जवान और बेहद उत्सुक हैं। फिर भी हम अकेले हैं और हमारे पास कोई नहीं आता है।

हम शताब्दियों से एक दूसरे से लिपटे हुए हैं लेकिन हमारी लालसा खत्म नहीं हो रही है। आखिर हमारी क्षद्म लालसा का क्या कोई सुख है?

कब अग्नि के देवता आयेंगे और मेरी बहन का बिस्तर गर्म करेंगे?

कब वह लहर आएगी जो मेरे भाई की प्यास की आग बुझाएगी?

और कब एक स्त्री मेरे हृदय पर राज करेगी?

शांत रात्रि में मेरी बहन अग्नि के देवता का नाम बड़बड़ाती है और मेरा भाई लहरों की देवी को पुकारता है। मैं किसे अपनी नींद में पुकारूँ? मैं यह नहीं जानता।

यहाँ मैं अपने भाई पर्वत और मेरी बहन समुद्र के बीच में बैठा हुआ हूँ। हम तीनों एकांत में एक हैं। और जो प्रेम हमें बांधे रखता है, वह गहरा,

मज़बूत और अनोखा है।

৵৩

30
तिनके ने कहा

एक तिनके ने एक वसंत की पत्ती से कहा, तुमने मेरे सर्द मौसम के सपनों को बिखेर दिया।

तत्पश्चात पत्ती ने क्रुद्ध होकर कहा, तुच्छ रूप से जन्मे, तुच्छ जगह रहने वाले, संगीतहीन एवं महत्वहीन प्राणी।

तुम हवा के ऊपरी स्तर में नहीं रहती, तुम संगीत की आवाज़ तक नहीं निकाल सकती।

तभी वसंत की पत्ती ज़मीन पर गिर पड़ी और सो गई। कुछ समय के बाद एक वसंत का झोंका आया और वसंत की पत्ती जाग उठी। अब वह सूखकर तिनका हो गई थी।

यह वसंत का मौसम था। सर्द रातों की नींदें उस पत्ती को घेरे हुए थीं। हवा बह रहा था और पत्तियां गिर रहीं थीं। फिर उस तिनके ने खुद से कहा, ओह! वसंत की पत्तियों तुम कितना शोर करती हो। तुमने मेरे सर्द सपनों को बिखेर दिया।

31

आँख

आँख ने एक दिन कहा, मैंने इस घाटियों के पार एक पर्वत देखा है जो अस्पष्ट और धुंधला नीला है। क्या यह सुंदर नहीं है?

कानों ने सुना, बेहद तल्लीनता से सुनने के पश्चात कहा, लेकिन पर्वत कहाँ हैं? मैंने तो नहीं सुना।

तभी हाथ ने कहा, मैं कोशिश कर रहा हूँ छूने की, महसूस करने की, लेकिन मैं कोई पर्वत नहीं ढूंढ पाया।

और तभी नाक ने कहा, यहाँ कोई पर्वत नहीं है। मैं उसे सूंघ नहीं सकता।

फिर आँख ने दूसरी तरफ देखा और बाकी सभी एक दूसरे से आँख के अजीब भ्रम को लेकर बात करने लगे। और कहने लगे कि आँख के साथ ही कोई परेशानी है।

32

दो विद्वान

अफ़कार नामक एक प्राचीन शहर में दो विद्वान रहते थे। जो एक दूसरे से नफ़रत करते थे और एक दूसरे के ज्ञान को तुक्ष समझते थे। दोनों विद्वानों में से एक ईश्वर के अस्तित्व पर विश्वास करता था वहीं दूसरा ईश्वर के अस्तित्व को नकारता था।

एक दिन दोनों विद्वान अपने अपने अनुयायियों के साथ बाज़ार के बीचों बीच मिलते हैं और फिर दोनों विद्वानों और उनके अनुयायियों के बीच ईश्वर के अस्तित्व को लेकर ज़ोरदार बहस शुरू हो जाती है।

घण्टों बहस करने के पश्चात वह अपने अपने अनुयायियों के साथ चले जाते हैं।

उसी शाम जो विद्वान ईश्वर के अस्तित्व को अब तक नकारता था। वह मंदिर जाता है और नतमस्तक होकर अतीत में अपने द्वारा किये हुए जंगली व्यवहार के लिए क्षमा याचना करता है।

उसी क्षण वह विद्वान जो ईश्वर के अस्तित्व को स्वीकार करता था। सभी पवित्र ग्रन्थों को जला देता है और नास्तिक बन जाता है।

33

जब मेरे दुख ने जन्म लिया

जब मेरे दुख ने जन्म लिया। मैंने इसे बड़ी दयालुता एवं प्रेमभाव से पाला और इसका ध्यान रखा।

मेरा दुख बाकी जीवित प्राणियों की ही भांति बड़ा हुआ। जो ताकतवर, खूबसूरत और शानदार था।

हम एक दूसरे को बेहद प्रेम करते थे। दुख के पास करुणा से भरा हृदय था और मेरे पास करुणा और दुख से भरा हृदय।

जब मैं और मेरा दुख बातें करते तो हमारे दिनों को पंख लग जाते थे और रातें सपनों से भर जाया करती थी। दुख के पास एक तेज़ जुबान थी और मेरे पास तेज़ जुबान और दुख।

मैं और मेरा दुख जब साथ में गाते थे तो हमारे पड़ोसी अपने अपने घरों की खिड़कियों पर बैठ जाते और हमारा गीत सुनते। जो समुद्र की तरह गहरा और कानों में मिश्री की तरह होती। साथ ही हमारा गीत अज़ीब यादों से भरा हुआ होता।

और जब मैं और मेरा दुख साथ चलते तो लोग बड़े आदर भाव से हमें देखते और बड़े प्रेम से कुछ कुछ बड़बड़ाते। वहीं कुछ लोग जिनके पास दुख नहीं था वह हमें बड़ी उत्सुकता से देखते। दुख के लिए यह बेहद प्रतिष्ठित बात थी और मेरे लिए बेहद दुख एवं गौरव की बात थी।

लेकिन बाकी अन्य सजीव जीवों की तरह ही मेरा दुख भी मर गया। इसके बाद मैं अकेला और गहरे विचारों में पड़ गया।

अब जब मैं बोलता हूँ तो मेरे शब्द मेरे कानों में चुभते हैं।

अब जब मैं गाता हूँ तो मेरा कोई भी पड़ोसी सुनने नहीं आता है।

अब जब मैं सड़क पर चलता हूँ तो कोई मुझे नहीं देखता।

सिर्फ मेरी नींद में मैं दया से भरी हुई एक आवाज़ सुनता हूँ। जो कहती है, देखो यह एक आदमी लेटा हुआ है जिसका दुख मर चुका है।

34

जब मेरे सुख ने जन्म लिया

जब मेरे सुख ने जन्म लिया तो मैंने उसे अपनी बाहों में भर लिया और घर के ऊपरी हिस्से पर बैठकर चिल्लाया। आओ! मेरे पड़ोसियों आओ! देखो। आज मेरे सुख ने जन्म लिया है। आओ और देखो सूरज की किरणों में मेरे सुख को मुस्कुराते हुए।

लेकिन मेरा एक भी पड़ोसी मेरे सुख को देखने नहीं आया। यह मेरे लिए बेहद निराशाजनक बात थी।

लगातार सात दिनों तक मैंने अपने घर के ऊपरी हिस्से से अपने सुख की घोषणा की। लेकिन किसी ने भी उस पर ध्यान नहीं दिया।

किसी के न आने से और अनदेखा किये जाने से मैं और मेरा सुख अकेला पड़ गए।

और फिर एक दिन मेरा सुख थककर मुर्झा गया। क्योंकि मेरे अलावा किसी और हृदय ने न ही उसे अपने हृदय में जगह दी और न ही उसे प्रेम से चूमा।

तभी इसके साथ मेरे सुख ने एकांत में दम तोड़ दिया।

अब सिर्फ मैं ही अपने मरे हुए दुख को याद करते हुए अपने मरे हुए सुख को याद करता हूँ।

लेकिन सुख और दुख से परे यादें वसंत की पत्तियां हैं जो हवा में बुदबुदाती हैं और फिर एक दिन सुनाई देना बंद हो जातीं हैं।

मैड मैन

35

उत्तम संसार

गुम आत्माओं के देवता, जो खुद देवताओं के बीच गुम है। मेरी आवाज़ सुनो।

ओ, शिष्ट नियति, जो हम पागल और आवारा आत्माओं पर नज़र रखे हुए है। मेरी आवाज़ सुनो।

मैं एक उत्तम जाति में रहता हूँ। लेकिन मैं बिल्कुल भी उत्तम नहीं हूँ।

मैं एक अव्यवस्थित आदमी हूँ। मैं एक उलझा हुआ तत्व हूँ।

जो एक उत्तम संसार के बीचो बीच आ गया है। जहाँ लोग कानूनों और आदेशों से परिपूर्ण है। जिनके विचार मिश्रित हैं। जिनके सपने क्रमबद्ध हैं। और जिनकी दूरदर्शिता नामांकित और लिखित है।

हे! ईश्वर इनके गुण मापे हुए हैं। इनके पापों को जोखा गया है। यहाँ तक कि सांझ की कम रौशनी में गुज़र जाने वाली असंख्य चीजें जो न ही पाप है और न ही गुण। वह भी दर्ज़ और सूचीबद्ध है।

यहाँ दिन और रात आचरण की बद्धता से बंधे हुए हैं।

खाना, पीना, सोना, किसी की नग्नता को ढकना। सभी काम तय समय पर करना।

काम करना, खेलना, गाना, नाचना और फिर सोना। सभी घड़ी की सुइयां तय करती हैं।

इस प्रकार सोचो, इस प्रकार महसूस करो और कोई निश्चित तारा क्षितिज में दिखाई दे तो सोचना और महसूस करना बंद कर दो।

अपने पड़ोसी को प्रेम से लूटो, ध्यान से हाथ हिलाते हुए उपहार दो। किसी पर इल्ज़ाम भी ध्यानपूर्वक लगाओ। किसी की आत्मा को अपने शब्दों से मार दो। एक सांस से किसी का बदन जला दो। और जब दिन के सभी काम पूरे हो जाए तो अपने हाथों को धो लो।

जो स्थापित आदेश है उसके अनुसार प्रेम करो। किसी का या खुद का मनोरंजन करो तो पूर्व में जो तय तौर तरीके हैं उसके अनुसार करो।

ईश्वर की उपासना करो तो उसमें डूब जाओ। शत्रु के खिलाफ साज़िश करो तो कलात्मक ढंग से करो। और सब कुछ ऐसे भूल जाओ जैसे यादें मर गईं हैं।

कल्पना करो तो किसी मकसद से करो। सोच विचार करो तो गहनता से करो। खुश होओ तो ठीक तरह से होओ। दुखी होओ तो ठीक से दुखी होओ। और फिर कप खाली कर दो। ताकि शायद कल वह फिर से भर जाए।

हे! ईश्वर, यह सभी चीजें विवेकपूर्णता से काल्पनिक हैं। जो दृढ़ निश्चय के साथ पैदा और पवित्रता से पाली और नियम से शामिल हुईं हैं। जो कारण से निर्देशित की गईं हैं। और फिर निर्धारित तरीके से मारी और दफनाई गई हैं। और यहाँ तक कि इनके शांत कब्र जिनमें मनुष्य सोता है। उन सभी पर निशान बनाया गया है और नम्बर लिखा गया है।

यह एक उत्तम संसार है। एक संसार जो उत्कृष्ट है। एक संसार जो सर्वोच्च आश्चर्यों से भरा हुआ है। जो पके फल हैं वह ईश्वर के बगीचे में हैं। जो वहाँ से ब्रह्मांड पर हुकूमत करते हैं।

लेकिन मैं यहाँ क्यों हूँ? हे! ईश्वर, मैं अपूर्ण जुनून से भरा हुआ एक हरा बीज हूँ। एक पागल तूफान हूँ जो न पूर्व और न ही पश्चिम की तलाश में है। एक जलते ग्रह का व्याकुल टुकड़ा?

मैं यहाँ क्यों हूँ? हे! गुम आत्माओं के देवता। जिनका आपने निर्माण किया वह देवताओं के बीच गुम हैं?

৩ও

अनुवादक के बारे में

विशेक उत्तर प्रदेश के गोरखपुर जिले में पैदा हुए हैं। वर्तमान में दिल्ली में रहते हैं और दिल्ली विश्वविद्यालय से हिंदी पत्रकारिता एवं जनसंचार विषय से स्नातकोत्तर की पढ़ाई कर रहे हैं।

विशेक ने दो कहानी संग्रह भी लिखा है जो 'सवा इंच प्यार' और 'यादों का इतिहासकार' नाम से प्रकाशित हुई है।